U0818015

大家小小书
篆刻　程方平

中国历史小丛书

主编　吴晗

编委　丁名楠　尹达　白寿彝　巩绍英　刘桂五　任继愈　关锋　吴廷璆　吴晓铃　余冠英　何兹全　何家槐　何干之　汪篯　周一良　邱汉生　金灿然　邵循正　季镇淮　陈乐素　陈哲文　张恒寿　侯仁之　郑天挺　胡朝芝　姚家积　马少波　翁独健　柴德赓　梁以俅　傅乐焕　滕净东　潘絜兹　戴逸

新编历史小丛书

主编　戴逸

副主编　张传玺　唐晓峰　黄爱平

总策划　韩凯　张森　李翠玲

执行策划　安东　吕克农

编委　王玮　王铁英　孔莉　孙健　刘亦文　李海荣　沈秋农　高立志

统筹　高立志

新编历史小丛书

刘知几和他的历史学

翦伯赞 著

北京出版集团公司
北京人民出版社

目　　录

一　刘知几的传略

自司马迁以后，历东汉、魏、晋、南北朝，迄于隋唐，其间历史学家接踵而起。如东汉之班固、刘珍、荀悦、蔡邕；晋之华峤、陈寿、孙盛、王隐；宋之范晔、徐爰；齐之沈约、裴子野；梁之萧子显、吴均；陈之谢昊、姚察；北魏之崔鸿；北齐之魏收；北周之柳虬；隋之魏澹、王邵、牛弘、王胄；唐之姚思廉、令狐德棻等；这些人，都是有名的史学家。他们或身为史官，职典纪载，或心存褒贬，私撰国书，其所著述，皆能独步于当代，擅名于后世。虽然，这些史学家的劳绩最多亦不过保存史料而已，对于历史学的方法，并没有什么新的发明。自司马迁而后，迄于唐代，在历史学方法论上，有新的发明者，唯刘知几一人而已。

刘知几，字子玄，徐州彭城人。生于唐高宗龙朔元年（661），卒于玄宗开元九年（721），年61岁。其生存之日，正是大唐帝国全盛时代。

刘知几是汉代皇族的后裔，据他自己在《刘氏家史》上考证，彭城诸刘，都是楚孝王嚣的曾孙居巢侯般的后裔。如果他要妄据“汉为尧后”的伪说，也可以说是圣王之后；但是他不要这样虚妄的远祖，而宁肯承认他的氏族是出自陆终。

刘知几出生的家庭是一个世禄之家。据《旧唐书》本传云：“知几，楚州刺史胤之族孙也。”刘胤之是一个学者，和史学家李百药是最好的朋友。在唐高宗永徽中，曾任著作郎及弘文馆学士，与令狐德棻等撰成国史及实录，并以此而封阳城县男。后以年老，不堪著述，才出为楚州刺史[①]。刘知几之父亲藏器就是胤之的从兄之子。藏器亦有词学，官至宋州司马。生二子，长知柔，开元初，为工部尚书。知几即其季子[②]。

刘知几因为家学渊源，自幼就博览群书。《史通·自叙》有云：“予幼奉庭训，早游文学。年在纨绮，便授

《古文尚书》。每苦其辞艰琐，难为讽读。虽屡逢捶挞，而其业不成。尝闻家君为诸兄讲《春秋左氏传》，每废书而听。逮讲毕，即为诸兄说之。因窃叹曰：‘若使书皆如此，吾不复怠矣。’先君奇其意，于是始授以《左氏》，期年而讲诵都毕。于是年甫十有二矣。所讲虽未能深解，而大义略举。父兄欲令博观义疏，精此一经。辞以获麟已后，未见其事，乞且观余部，以广异闻。次又读《史》、《汉》、《三国志》。既欲知古今沿革，历数相承。于是触类而观，不假师训。自汉中兴已降，迄乎唐皇家实录，年十有七，而窥览略周。其所读书，多因假赁。虽部帙残缺，篇第有遗；至于叙事之纪纲，立言之梗概，亦粗知之矣。”这样就奠定了他后来研究史学的基础。

刘知几的年纪，渐渐长大，便要准备一种走进人生旅途的功课，即所谓应世之学。在唐代以科举策士，词章最为重要。于是刘知几遂不能专门读史，而要同时致力于文学。《史通·自叙》中云：“于时将求仕进，兼习揣摩；至于专心诸史，我则未暇。”刘知几天才放纵，不久便以文学知名于当世。《旧唐书》本传曰：知几“少与兄知柔俱以词学知名”。《史通·自叙》中亦云：“余初好文笔，颇获誉于当时；晚谈史传，遂减价于知己。”即因他曾经一度研究文学，所以又准备了他后来写著历史的技术条件。

即因文学甚好，所以刘知几“年登弱冠”，便“射策登朝”③，举进士，并授获嘉主簿。以后又调回京洛，服官中央。从这时，刘知几便放弃了文学的揣摩，专心于史学的研究。《自叙》中云：“于是思有余闲，获遂本愿。旅游京洛，颇积岁年，公私借书，恣情披阅。至如一代之史，分为数家，其间杂记小书，又竞为异说，莫不钻研穿凿，尽其利害。”这样，又加深了他的史学素养。

刘知几不仅学习不倦，而且理解力甚强。他自幼读史便不仅徒事记诵，因袭陈说；而是要通过自己的理解，加以批判。《自叙》中云：“自小观书，喜谈名理。其所悟者，皆得之襟腑，非由染习。故始在总角，读班（固）、谢（承）两《汉》，便怪前书不应有《古今人表》，后书宜为更始（刘玄）立纪。当时闻者共责，以为童子何知，而敢轻议前哲。于是赧然自失，无辞以对。其后见张衡、范晔集，果以二史为非。其有暗合于古人者，盖不可胜纪。始知流俗之士，难与之言。凡有异同，蓄诸方寸。及年以过立（30岁），言悟日多。”

刘知几性情孤僻，落落寡合。《自叙》中有云：“常恨时无同好。可与言者，维东海徐坚，晚与之遇，相得甚欢……复有永城朱敬则、沛国刘允济、义兴薛谦光、河南元行冲、陈留吴竞、寿春裴怀古，亦以言议见许，道术相知。所有榷扬，得尽怀抱。每云：‘德不孤，必有邻。’四海之内，知我者，不过数子而已矣。”

刘知几虽然性情孤僻，但并不高举其自身于社会之外；反之，只要有机会，便要检举社会的罪恶，指斥当代的弊政。新旧《唐书》皆载，当证圣初，武则天诏天下九品以上官吏各言政得失，他便上书指陈当时的政府，刑戮太过，赏罚不公。其中有云：“今群臣无功，遭遇辄迁，至都下有‘车载斗量，杷推椀脱’之谚。”同书又载，他以武则天时代，“官爵僭滥而法网严密，士类竞为趋进而多陷刑戮”，曾作《思慎赋》以刺时。当时，凤阁侍郎苏味道、李峤见而叹曰：“陆机《豪士》所不及也。”

大约在四十岁以后，刘知几才任史官。《旧唐书》本传云：“知几（武后）长安中（701—704），累迁左史，兼修国史。”以后，又“擢拜凤阁舍人，修史如故。（中宗）景龙初，再转太子中允，依旧修国史”。以后，刘知几的生活，就长期消磨在史馆中了。

刘知几既任史官，可谓学得其用。他常常想把他的历史学创见，应用于国史的编修；但是事实并不如他所想，因为当时的史馆组织，是“临修制度”。史官注记，必须仰承监修的意旨，没有撰著的自由。而当时的监修，大半为毫无知识的贵官，他们既不知明立科条，又喜遇事干涉，十羊九牧，无所适从。同时，当时同列的诸史官又皆流俗之辈，但却“人自以为荀、袁，家自称为政、骏。每欲记一事，载一言，皆阁笔相视，含毫不断。故首白可期，而汗青无日”④。加之，权贵干涉，侦探密布，史官每有所记，“言未绝口，而朝野具知，笔未栖毫而搢绅咸诵”⑤。实录，则取嫉权门；直书，则见仇贵族。在这样的情形之下，刘知几与诸监修及同事，当然“凿枘相违，龃龉难入，故其所载削，皆与俗浮沈。虽自谓依违苟从，然犹大为史官所嫉”⑥。

但刘知几却素抱刊削史籍的宏愿。《自叙》中说：“其于史传也尝欲自班、马已降，讫于姚（察）、李（德林）、令狐（德棻）、颜（师古）、孔（颖达）诸书，莫不因其旧义，普加厘革。但以无夫子之名，而辄行夫子之事，将恐致惊末俗，取咎时人，徒有其劳，而莫之见赏。所以每握管叹息，迟回者久之，非欲之而不能，实能之而不敢也。”即不得志于史馆，于是“载削余暇”[⑦]开始其有名的著作《史通》之写著。《自叙》中说：“嗟乎！虽任当其职而吾道不行；见用于时，而美志不遂。郁怏孤愤，无以寄怀，必寝而不言，嘿而无述，又恐没世之后，谁知予者。故退而私撰《史通》，以见其志。”由此看来，《史通》一书亦刘知几“道不行”、“志不遂”、“郁怏孤愤”之所为也。

为了写著《史通》，刘知几很想摆脱史馆的职务。恰好当景龙初，中宗西还，于是他便请求留在洛阳。他在洛阳住了两年，这时，全部精力，皆用于《史通》的写作。但是不久便有人说他身为官史而私自著述，所以景龙三年，中宗便驿召他到长安，升为秘书监，仍派他修撰国史。

当他再回史馆时，“侍中韦巨源、纪处讷、中书令杨再思、兵部尚书宗楚客、中书侍郎萧至忠并监修国史”。这些监修贵官，意见不一，当时“杨令公（再思）则云‘必须直词’，宗尚书（楚客）则云‘宜多隐恶’”。以是史官更难着笔。刘知几深感其弊而无可如何。适萧至忠责其“著述无课”，于是他就上书于萧，请辞史官之职。在辞职书上，列陈当时史馆之弊，并谓这些弊端如不革除或补救，则“虽威以刺骨之刑，勗以悬金之赏，终不可得也”[⑧]。

辞职书并没有批准；但从此以后，愈为同列史官所嫉，不能有所作为。于是他索性将史馆的职务，委托于著作郎吴竞，而自己则别撰《刘氏家史》十五卷、《谱考》三卷，考其氏姓之所自出。

这时，刘知几的《史通》已经完成，声名扬溢，朝廷也要利用他做招牌，来装点史馆的门面。所以景云中（710—711），便升他为太子左庶子，崇文馆学士，加银青光禄大夫。到玄宗开元初（713）再升左散骑常侍。而其职务，则始终是修撰国史。到开元九年（721），他的长子贶，为太乐令，犯事流配。他为他的儿子向执政诉理，玄宗闻而震怒，贬为安州[9]都督府别驾，而这位大史学家到安州不久就死了。

吾人读刘知几书，而知其兼才、学、识三者而并有之[10]。惜乎！任道其职而道本行，见用宁时而志不遂，郁怏孤愤，终至贬死。贤者委弃，千古同叹，又岂独刘知几为然耶?

注释：

①②参看《旧唐书·刘胤之传》。

③《史通·自叙》。

④⑤《旧唐书·刘子玄传》。

⑥⑦《史通·自叙》。

⑧刘知几辞职书，见《旧唐书》本传及《史通·忤时篇》。

⑨《旧唐书·地理志》：“安州中都督府隋安陆郡。武德四年，平王世充，改为安州。”安州，唐时属淮南道，辖今鄂东皖西一带。

⑩《旧唐书·刘子玄传》曰：“子玄掌知国史，首尾二十余年，多所撰述，甚为当时所称。礼部尚书郑惟忠尝问子玄曰：‘自古已来，文士多而史才少，何也？’对曰：‘史才须有三长，世无其人，故史才少也。三长：谓才也，学也，识也。夫有学而无才，亦犹有良田百顷，黄金满籝，而使愚者营

生，终不能致于货殖者矣。如有才而无学，亦犹思兼匠石，巧若公输，而家无楩柟斧斤，终不果成其宫室者矣。犹须好是正直，善恶必书，使骄主贼臣所以知惧。此则为虎傅翼，善无可加，所向无敌者矣，……自敻古已来，能应斯目者，罕见其人。”

二　刘知几的著作、思想及其历史观

刘知几著作甚多，据《旧唐书》本传云：知几“自幼及长，述作不倦。朝有论著，必居其职。预修《三教珠英》、《文馆词林》、《姓族系录》；论《孝经》，非郑玄注；《老子》，无河上公注；修《唐书实录》，皆行于代。有集三十卷”。此外又撰《刘氏家史》十五卷、《谱考》三卷及《史通》二十卷。在他的著作中，以《史通》一书最为不朽之作。

《史通》一书，分内、外二篇，

各十卷，合二十卷。内篇分三十九目，其中《体统》、《纰缪》、《弛张》三篇，有目无文。今所存者，仅三十六目。外篇分十一目，其中《杂说》一目析为上、中、下三篇，共合为十三目。这部书是刘知几的史学创作，也是中国史学史上第一部历史方法论的巨著。

刘知几之著《史通》，其主要目的，是在于纠正过去中国史学方法上的错误。故全书皆以批判的体裁作为写著的方法，而其论点则侧重于历史学方法。但除史学方法以外，其所涉及的范围亦至为广泛。如其外篇中之《史官建置》，则论史官制度；《疑古》、《惑经》、《杂说》、《五行志错误》、《五行志杂驳》，则皆系论历史资料。

总而言之，刘知几在这部书中，可以说对他以前的中国历史学，做了一次总的清算工作。

刘知几对于他的《史通》一书，曾经在《自叙》中做过这样的介绍。他说：

> 若《史通》之为书也，盖伤当时载笔之士，其义不纯，思欲辨其指归，殚其体统。夫其书虽以史为主，而余波所及，上穷王道，下掞人伦，总括万殊，包吞千有。自《法言》已降，迄于《文心（雕龙）》而往，固以纳诸胸中，曾不慸芥者矣。夫其为义也，有与夺焉，有褒贬焉，有

鉴诫焉，有讽刺焉。其为贯穿者深矣；其为网罗者密矣，其所商略者远矣，其所发明者多矣。盖谈经者，恶闻服、杜之嗤；论史者，憎言班、马之失。而此书多讥往哲，喜述前非。获罪于时，固其宜矣。犹冀知音君子，时有观焉。尼父有云：“罪我者《春秋》，知我者《春秋》。”抑斯之谓也。[①]

即固《史通》一书“多讥往哲，喜述前非”，故当时“悠悠尘俗，共以为愚”，而“见者亦互言其短”[②]。为了答复当时流俗之徒的恶意批评，刘知几曾作《释蒙》以拒之。但当时也还有几个知己，赏识其书。据《旧唐书》本传载："徐坚深重其书，尝云：'居史职者，宜置此书于座右。'"即因《史通》不见重于当时，所以他在《自叙》中叹曰："夫以《史通》方诸《太玄》，今之君山，即徐（坚）、朱（敬则）等数君是也。后来张、陆，则未之知耳。"又在《鉴识》为之慨曰："夫人废兴时也；穷达命也。而书之为用，亦复如是。盖《尚书》古文，六经之冠冕也，《春秋左氏》，三传之雄霸也，而自秦至晋，年逾五百，其书隐没，不行于世。既而梅氏写献，杜侯训释，然后见重一时，擅名千古。若乃《老经》撰于周日，《庄子》成于楚年，遭文、景而始传，值嵇、阮而方贵。若斯流者，可胜纪哉！”但是事实并不如他所想象之恶劣，《史通》一书并没有长期埋没。在他死后不久，玄宗便派河南府至其家，抄写以进。读而善之，并因此而追赠他为汲郡太守、工部尚书，赐谥曰“文”。而这又是他始料所不及的。

刘知几的思想，颇受王充的影响。他在《自叙》中盛赞王充的《论衡》。其言有曰：

> 儒者之书，情而寡要，得其糟粕，失其菁华。而流俗鄙夫，贵远贱近，转兹疟牾，自相欺惑，故王充《论衡》生焉。

案王充《论衡》有《问孔》、

《刺孟》之篇，实为儒家的一位叛徒。而刘知几亦有《疑古》、《惑经》之作，其思想亦颇谬于圣人。他在《惑经》中说：

> 昔王充设论，有《问孔》之篇，虽《论语》群言，多见指摘；而《春秋》杂义，曾未发明。是用广彼旧疑，增其新觉。

他在《惑经》中，对于《春秋》之义，提出了十二个疑问，指出其虚妄者五端，大胆陈说，毫无顾忌。故刘知几的《惑经》，实即王充《问孔》的续编。至于其《疑古》篇，则系非难《尚书》；但在《序言》上，亦指斥孔子。

其言有曰：

> 故观夫子之刊《书》也，夏桀让汤，武王斩纣，其事甚著，而芟荑不存。观夫子之定《礼》也，隐、闵非命，恶、视不终，而奋笔昌言，云“鲁无篡弑”。观夫子之删《诗》也，凡诸《国风》，皆有怨刺，在于鲁国，独无其章。观夫子之《论语》也，君娶于吴，是谓同姓。而司败发问，对以“知礼”。斯验世人之饰智矜愚，爱憎由己者多矣。

又如王充有《指瑞》、《验符》之作，指斥符瑞之虚妄。刘知几在《史通》中，即反对纪录符瑞之《五行志》。《书志》曰：

古之国史，闻异则书，未必皆审其休咎，详其美恶也。故诸侯相赴，有异不为灾，见于《春秋》，其事非一。洎汉兴，儒者乃考《洪范》以释阴阳。其事也，如江璧传于郑客，远应始皇；卧柳植于上林，近符宣帝。门枢白发，元后之祥；桂树黄雀，新都之谶；举夫一二，良有可称。至于蜚蜮蝝螽，震食崩坼，陨霜雨雹，大水无冰，其所证明，实皆迂阔。故当《春秋》之世，其在于鲁也，如有旱雩舛候，螟蟊伤苗之属。是时或秦人归禭，或毛伯赐命，或滕、邾入朝，或晋、楚来聘。皆持此恒事，应彼咎征，昊穹垂谪，厥罚安在？探赜索隐，其可略诸。……汉代儒者，罗灾眚于二百年外，讨符会于三十卷中，安知事有不应于人，应而人失其事？何得苟有变而必知其兆者哉！

又王充有《书虚》之作，谓竹帛上的文字，不可尽信。而刘知几在《疑古》中，对于《尚书》所载的史实，指出疑问十点。他在结论上说："孟子曰：'尽信书，不如无书。《武成》之篇。吾取其二三简。’推此而言，则远古之书，其妄甚矣。”

从以上所举各点，我们可以看出刘知几的思想。颇受王充学说的影响，他不迷信圣经贤传，不迷信灾祥符瑞。即因他不迷信圣经贤传，所以他就富有怀疑的精神；即因他不迷信灾祥符瑞，所以他就具有唯物的思想。他就在这种怀疑的精神与唯物的思想上，展开他的历史观。

刘知几反对“历史的定命论”。他以为历史上任何朝代的兴亡，人物的成败，都不是天命，而是人事。他在《杂说》（上）中说：

《魏世家》太史公曰：“说

者皆曰魏以不用信陵君，故国削弱，至于亡。余以为不然。天方令秦平海内，其业未成。魏虽得阿衡之徒，曷益乎？”夫论成败者，固当以人事为主，必推命而言，则其理悖矣。盖晋之获也，由夷吾之愎谏；秦之灭也，由胡亥之无道；周之季也，由幽王之惑褒姒；鲁之逐也，由稠父之违子家。然则败晋于韩，狐突已志其兆；亡秦者胡，始皇久铭其说；檿弧箕服，彰于宣、厉之年；征褰与襦，显自文、武之世。恶名早著，天孽难逃。假使彼四君才若桓、文，德同汤、武，其若之何？苟推此理而言，则亡国之君，他皆仿此，安得于魏无讥者哉？夫国之将亡也若斯，则其将兴也亦然。盖妫后之为公子也，其筮曰“八世莫之与京”；毕氏之为大夫也，其占曰“万名其后必大”；姬宗之在水浒也。鸑鷟鸣于岐山；刘姓之在中阳也，蛟龙降于丰泽。斯皆瑞表于先，而福居其后。向若四君德不半古，才不逮人，终能坐登大宝，自致宸极矣乎？必如史公之议也，则亦当以其命有必至，理无可辞，不复嗟其智能，颂其神武者矣。夫推命而论兴灭，委运而忘褒贬。以之垂诫，有其惑乎？自兹以后，作者著述往往而然。如鱼豢《魏略议》，虞世南《帝王论》，或叙辽东公孙之败，或述江左陈氏之亡，其理并以命而言，可谓与子长同病者也。

上文列举史实，证明统治者的灭亡，是由于他们自己的罪恶、无能，不能把他们的灭亡归纳为上帝的意思。同样，新的统治者的兴起，也不是上帝预先派定，而是由于他们自己的努力。一言以蔽之，人类的历史是人类自己创造的，与“上帝”、“天命”这一类的鬼话绝不相干。像这样承认人类对历史之创造作用的历史观，就正是刘知几的历史学卓越之点。

其次，刘知几反对以成败论英雄之正统的历史观。他在《称谓》云：

古者，二国争盟，晋、楚并称侯伯；七雄力战，齐、秦俱曰帝王。其间虽胜负有殊，大小不类，未闻势穷者即为匹庶，力屈者乃成寇贼也。至于近古则不然，当汉氏云亡，天下鼎峙，论王道则曹逆而刘顺，语国祚则魏促而吴长。但以地处函夏，人传正朔，度长絜短，魏实居多。二方之于上国，亦犹秦缪、楚庄与文、襄而并霸。逮作者之书事也，乃没吴、蜀号谥，呼权、备姓名。方于魏邦，悬隔顿尔。惩恶劝善，其义安归。

在这里，他虽然只提出吴、蜀的名号问题，而其主题，则是反对那种以“势穷者即为匹庶，力屈者乃成寇贼”的历史观。例如他深以班、范二史不列刘玄于光武之前为非。他在《编次》中说：“当汉氏之中兴也，更始升坛改元，寒暑三易，世祖称臣而北面，诚节不亏。既而兵败长安，祚归高邑（光武称帝于高邑），兄亡弟及，历数相承。作者乃抑圣公于传内，登文叔于纪首……夫东观秉笔，容或谄于当时。后来所修，理当刊革者也。”按刘玄为新市、平林所拥立，以中国正统派的历史观视之，实为盗贼，而刘知几主张列纪于光武之前，这就是“力屈者乃成寇贼”也。

虽然，刘知几对于“成者为王，败者为寇”的历史观仍未扫除干净。例如他反对列项羽于本纪，而曰“正可抑同群盗”。反对列陈胜于世家，而曰“起自群盗”。这又是他自相矛盾的地方。

又刘知几甚至不主张“内中国而外夷狄”的大汉族主义的历史观。他在《称谓》中说：

> 续以金行版荡，戎、羯称制。各有国家，实同王者。晋世臣子，党附君亲。嫉彼乱华，比诸群盗。此皆苟徇私忿，忘夫至公。自非坦怀爱憎，无以定其得

失。至萧方等，始存诸国名谥，僭帝者皆称之以王。此则赵犹人君，加以主号；杞用夷礼，贬同子爵。变通其理，事在合宜。小道可观，见于萧氏者矣。

历史是具体的科学，要承认客观的事实，不能以主观的爱憎涂改历史的事实。刘知几可谓深得此理。所以我说他是一个客观主义的历史家。

至于他敢于怀疑，则史料因以订正；敢于非圣，则成见因以打破。这些都是他的科学精神。

注释：

①②《史通·自叙》。

三　刘知几论中国历史学各流派

刘知几对于中国历史学各流派，曾经展开一个全面的批判。他在《六家》中，把中国的历史学派分为六家。他说：

> 古往今来，质文递变。诸史之作，有恒厥体。榷而为论，其流有六：一曰《尚书》家，二曰《春秋》家，三曰《左传》家，

四曰《国语》家，五曰《史记》家，六曰《汉书》家。

按《尚书》为记言的史体，《春秋》为记事的史体，《左传》为编年的史体，《国语》为分国的史体，《史记》与《汉书》均为纪传体，而前者为通史体，后者为断代史体。这六种历史学体裁不是同时发生，而是中国历史学体裁相续发展之系列，所谓“古往今来，质文递变”的结果。

这六种体裁在最初，都不过是各时代的历史记录者用以记录史实的方法；但是后来的历史学者竟相模拟，于是这六种历史学体裁，遂演化而为六种历史学流派。

例如《尚书》，本来是一种最古的历史记录方法。“自宗周既殒，《书》体遂废，迄乎汉、魏，无能继者。至晋广陵相鲁国孔衍，以为国史所以表言行，昭法式，至于人理常事，不足备列。乃删汉、魏诸史，取其美词典言，足为龟镜者，定以篇第，纂成一家。由是有《汉尚书》、《后汉尚书》、《汉魏尚书》，凡为二十六卷。至隋秘书监太原王邵，又录开皇、仁寿时事，编而次之，以类相从，各为其目，勒成《隋书》八十卷。寻其义例，皆准《尚书》。”①

又如《春秋》，后来也有袭用其名以为著述的。如晏子、虞卿、吕不韦、陆贾，其所著书，皆谓之《春秋》。

《左传》亦有拟作，如晋著作郎乐资曾撰《春秋后传》三十卷，其书始于周贞王而终于二世之灭。献帝时，荀悦著《汉纪》三十篇，亦依《左传》体裁。以后每代都有拟作，如张璠、孙盛、干宝、徐广、裴子野、吴均等，其所著书，或谓之“春秋”，或谓之“纪”，或谓之“略”，或谓之“典”，或谓之“志”。其名虽异，但其为体，则皆拟《左传》。

《国语》体裁，继之者有《国策》。至孔衍，又以《国策》所书之未尽者，聚为一录，名曰《春秋后语》。当汉氏失驭，英雄角力，司马彪又录其行事，著《九州春秋》。这些都是《国语》的流派。

其摹拟《史记》者，则有梁武《通史》，崔鸿等所撰的《科录》，及李延寿的《南北史》等。至于《汉书》，则所有中国的所谓正史，都是属于这一流派。

中国的历史家，大概不出这六种流派。即或稍有形式不同，但亦不过这六种体裁之变体而已。所以刘知几把中国的历史学派分为六家，大概是可以包罗一切的。

刘知几在划分中国历史学的流派以后，又展开其对各家的批判。其论《尚书》的体裁，则以为其最大之缺点就在于这种体裁中，对于人物的记载不能详其平生；对于事实的记载，不能详其年月，而这些又都是历史学上最重要之点。他在《六家》中说：

若乃帝王无纪，公卿缺传，则年月失序，爵里难详，斯并昔之所忽，而今之所要。

其次，他以为《尚书》的体裁，既以记言为主，就体裁论体裁，则不应于记言之外，有记事的专篇；但《尚书》中竟有此种例外，这就是体例不纯。《六家》说：

盖《书》之所主，本于号令，所以宣王道之正义，发言于臣下，故其所载，皆典、谟、训、诰、誓、命之文。至如

《尧》、《舜》二典，直序人事；《禹贡》一篇，唯言地理；《洪范》总述灾祥；《顾命》都陈丧礼；兹亦为例不纯者也。

其论《春秋》的体裁，则认为有长处，也有短处。《二体》说：

《春秋》者，系日月而为次，列时岁以相续。中国外夷，同年共世，莫不备载其事，形于目前。理尽一言，语无重出。此其所以为长也。至于贤士贞女，高才俊德，事当冲要者，必盱衡而备言；迹在沈冥者，不枉道而详说。如绛县之老，杞梁之妻，或以酬晋卿而获记，或以对齐君而见录。其有贤如柳（下）惠，仁如颜回，终不得彰其名氏，显其言行。故论其细也，则纤芥无遗；语其粗也，则丘山是弃；此其所以为短也。

其论《左传》的体裁，认为是一种最好的注释体裁。他在《申左》说：“《传》之与《经》其犹一体，废一不可，相须而成。”又说：“向使《孔经》独用，《左传》不作，则当代行事，安得而详者哉？”这种注释体裁的优美之处，就在于它能补本文之缺略而又不重复本文。《六家》说：

> 观《左传》之释经也，言见经文而事详传内，或传无而经有，或经阙而传存。其言简而要，其事详而博。信圣人之羽翮，而述者之冠冕也。

其论《国语》，则认为是《春秋》的外传，但是它的特点，就在于“又稽其逸文，纂其别说”，写成周、鲁、齐、晋、郑、楚、吴、越八国的历史。上起周穆王，下迄鲁悼公，自成一种分国为史的体裁。故《六家》曰：“此亦‘六经’之流、‘三传’之亚也。”

其论《史记》的体裁，在《六家》中专说他的短处。他说：

寻《史记》，疆宇辽阔，年月遐长，而分以纪传，散以书表。每论家国一政，而胡、越相悬；叙君臣一时，而参、商是隔。此其为体之失者也。

但在《二体》中，则谓《史记》的体裁有他的短处，也有他的长处。他说：

《史记》者，“纪”以包举大端，“传”以委曲细事，“表”以谱列年爵，“志”以总括遗漏。逮于天文、地理、国典、朝章，显隐必该，洪纤靡失，此其所以为长也。若乃同为一事，分在数篇，断续相离，前后屡出。于高（帝）纪，则云："语在项（羽）传。"于项传，则云："事具高纪。"又编次同类，不求年月，后生而擢居首帙，先辈而抑归末章，遂使汉之贾谊将楚屈原同列，鲁之曹沫与燕荆轲并编。此其所以为短也。

其论《汉书》的体裁，则谓与《史记》相同。《六家》曰："寻其创造，皆准子长，但不为'世家'及改'书'曰'志'而已。"即因《汉书》的体裁同于《史记》，所以《史记》的短处和长处，也同样表现于《汉书》。唯《史记》为通史体而《汉书》则断西汉一代以为史，因之《汉书》就没有“疆宇辽阔，年月遐长”之弊。所以他在《六家》中说：

> 如《汉书》者，究西都之首末，穷刘氏之废兴，包举一代，撰成一书，言皆精练，事甚该密，故学者寻讨，易为其功。自尔迄今，无改斯道。

以上乃刘知几对中国历史学各流派的批判，就史体论史体，可谓切中利弊。他在结论中说：“《尚书》等四家，其体久废。所可祖述者，惟《左氏》及《汉书》二家而已。”又在《二体》中说：“既而丘明传《春秋》，子长著《史记》，载笔之体，于斯备矣。后来继作，相与因循，假有改张，变其名目。区域有限，熟能逾此！盖荀悦、张璠，丘明之党也；班固、华峤，子长之流也。”由此而知刘知几认为最进步的历史体裁，乃是编年体和纪传体。这从历史学发展的观点上看来，也是对的。

唯刘知几于纪传体中，美《汉书》而抑《史记》，未免源流倒置，是其偏见耳。考纪传体确为一种进步的历史体裁。这种体裁，可以说是《尚书》等四种体裁之综合。其中“纪”以编年，犹《春秋》之“经”也；“传”以纪事，犹《左氏》之“传”也；“世家”以分国录诸侯，犹《国语》之分国为史也；又尝录帝王之制诏命令，则又犹《尚书》之载典、谟、训、诰、誓、命之文也。一言以蔽之，这种体裁已并“编年”、“纪事”、“纪言”、“分国”诸体于一书，别而裁之，融而化之，使其相互为用，彼此相衔。以各家之长，济各家之短；而又益之以表历，总之以书、志，卓然自成为一种新的历史体裁。但这种伟大的创造，是司马迁的不朽之功，班固的《汉书》不过是《史记》的拟作而已，又安能望《史记》之肩背？

注释：

①《史通·六家》。

四　刘知几论纪传体的各部门

刘知几在泛论中国历史学各流派以后，于是集中其论点于纪传体。他就纪传体的各个部门，如“本纪”、“世家”、“列传”、“表历”、“书志”、“论赞”、“序例”等，展开其批判。

他论“本纪”，提出了三点意见。第一，“本纪”所以纪天子，非天子不应列入“本纪”。因此他对于司马迁之列周秦先世于“本纪”，认为“可怪”。列项羽于“本纪”，认为“乖谬”。《本纪》曰：

迁之以天子为本纪，诸侯为世家，斯诚谠矣。但区域既定而疆理不分……案姬自后稷至于西伯，嬴自伯翳至于庄襄，爵乃诸侯，而名隶“本纪”……此尤可怪也。项羽僭盗而死，未得成君。求之于古，则齐无知、卫州吁之类也，安得讳其名字，呼之曰王者乎？春秋吴、楚僭拟，书如列国。假使羽窃帝名，正可抑同群盗；况其名曰西楚，号止霸王者乎？霸王者，即当时诸侯。诸侯而称“本纪”，求名责实，再三乖谬。

其次，他以为“本纪”所以纪年岁，显国统，故无年号者不纪，无国统者不书。所以《魏志》曹传，权假汉年；韦曜《吴史》，不纪孙和。盖以其子孙虽为天子，其祖先不能因之而亦称天子。如其祖先亦称天子，则当时固有天子，没有历史地位可以安插这位追尊的天子。所以他反对把追尊的天子，写入“本纪”。《本纪》曰：

盖纪之为体，犹《春秋》之“经”，系日月以成岁时，书君上以显国统。……而陆机《晋书》，列纪三祖（追尊晋代的三

> 祖），直序其事，竟不编年。年既不编，何纪之有？

第三，他以为“本纪”的体裁，是以事系年，而且专载大事，以显示某一帝王时代的历史大势，不应把琐碎的细事，写入“本纪”。《本纪》云：

> 纪者，既以编年为主，唯叙天子一人。有大事可书者，则见之于年月。其书事委曲，付之列传。此其义也。如近代述者魏著作（彦渊）、李安平（百药）之徒，其撰魏（书）、（北）齐（书）二史，于诸帝篇，或杂载臣下，或兼言他事，巨细毕书，

洪纤备录。全为传体，有异纪文，迷而不悟，无乃太甚。

他论“世家”，也提出了三点意见。第一，他以为“世家”所列的人物，必须有世可续，有家可承；否则即不应列于“世家”。因此他以司马迁列陈胜于“世家”为不然。《世家》曰：

“世家”之为义也，岂不以开国承家，世代相续？至如陈胜起自群盗，称王六月而死，子孙不嗣，社稷靡闻，无世可传，无家可宅，而以“世家”为称，岂当然乎？

第二，他以为“世家”所以录诸侯，不应录大夫。因此，他反对司马迁录三晋及田氏之先世于“世家”，而田完反没其名号。《世家》曰：

> 且诸侯、大夫，家国本别。三晋之与田氏，自未为君而前，齿列陪臣，屈身藩后；而前后一统，具归“世家”……又（田齐）列号东帝，抗衡西秦，地方千里，高视六国，而没其本号，唯以田完制名。求之人情，孰谓其可？

第三，他以为“世家”所列诸侯，应该是专制一国、传世甚久的古代诸侯。而徒有其名的汉代诸侯则不应列入“世家”。《世家》曰：

> 夫古者诸侯，皆即位建元，专制一国，绵绵瓜瓞，卜世长久。至于汉代则不然，其宗子称王者，皆受制京邑，自同州郡；异姓封侯者，必从宦天朝，不临方域。或传国唯止一身，或袭爵才经数世；虽名班胙土，而礼异人君。必编“世家”，实同“列传”。而马迁强加别录，以类相从，虽得画一之宜，讵识随时之义？

此外，他以为还有一类人物，即

割据之君，“为史者，必题之以纪，则上通帝王；榜之以传，则下同臣妾”。亦宜列于“世家”。

他对于“列传”提出了五点意见。第一，他以为“列传”所以列卿大夫，非卿大夫则不应编入列传。因此他反对陈寿在《三国志》中列吴、蜀二帝于“列传”。《列传》曰：

> 夫纪、传之不同，犹诗赋之有别。而后来继作，亦多所未详。案范晔《汉书》记后妃六宫，其实传也，而谓之为纪；陈寿《国志》，载孙、刘二帝，其实纪也，而呼之曰传。考数家之所作，其未达纪传之情乎？

第二，他以为“列传”主题，皆系人名，如非人名，即不应列入。《编次》云：

> 寻子长之“列传”也，其所编者，唯人而已矣。至于龟策异物，不类肖形，而辄与黔首同科，俱谓之传，不其怪乎？且《龟策》所记，全为志体，向若与八书齐列，而定以书名，庶几物得其明，同声相应者矣。

第三，“列传”中有“合传”，但他以为“合传”的人物必须同时并世，而其行事，又首尾相随，如“陈余、张耳，合体成篇，陈胜、吴广，相参并录”[1]，这是可以的。至于以异代之人，列于一传，如：“汉之贾谊将楚屈原同列；鲁之曹沫与燕荆柯并编”[2]；“老子与韩非并列；贾诩将荀绪同编”[3]，这是不对的。

第四，“列传”中有附出之例；但他以为这种附出的人物，必须“名行可崇”而又“事迹虽寡”，不能独立成传，所以“寄在他篇，为其标冠。若商山四皓，事列王阳之首；庐江毛义，名在刘平之上是也”。若名行不可崇者，则无附出之必要。但“孟坚每一姓有传，则附出余亲。其事迹尤异者，则分入它部，故博陆、去病，昆弟非复一篇；外戚、元后，妇姑分为二录”[4]。这也是不对的。

第五，他以为列事作传，所以播其遗烈，显其令闻。但“自班、马以来，获书于国史者多矣。其间则有生无令闻，死无异迹，用使游谈者靡征其事，讲习者罕记其名，而虚班史传，妄占篇目”⑤。这更有违“列传”的本意。

他对于“表历”根本反对。他以为历史应该用文词写著，而不应用“表历”排列。而且史实既见之于文词，又再列之于“表历”，实为重复。故他以为载“表历”于史传，未见其宜。《表历》曰：

> 夫以表为文，用述时事，施彼谱谍，容或可取。载诸史

传，未见其宜。何则？《易》以六爻穷变化，《经》以一字成褒贬，《传》包五始，《诗》含六义。故知文尚简要，语恶烦芜。何必款曲重沓，方称周备。观马迁《史记》则不然矣。天子有本纪，诸侯有世家，公卿以下有列传。至于祖孙昭穆，年月职官，各在其篇，具有其说，用相考核，居然可知。而重列之以表，成其烦费，岂非谬乎？

在《表历》中，他最反对班固《汉书》所载“古今人表”。他以为班氏的“古今人表”既不表现国统的递袭，又不表现禄位相承，只是品藻贤愚，激扬善恶，这实在不能表示一种连续的历史意义[6]。而且“人表”中所录的历史人物，既非同出一族，又非同在一时，并且皆系汉以前的人物。以汉以前的人物，而列于《汉书》，更是不伦不类，他在《表历》说：

> 异哉！班氏之“人表”也！区别九品，网罗千载，论世则异时，语姓则他族。自可方以类聚，物以群分，使善恶相从，先后为次，何藉而为表乎？且其书上自“庖牺”，下穷嬴氏，不言汉事，而编入《汉书》……何断而为限乎？

他以为如必欲作表，亦只应适用于历史上的纷乱时期，如春秋战国及五胡乱华时代。因为在这样的时代，或群雄割据，各为年世；或诸胡错峙，自相君长。世变多端，史实复杂，若申之以表，则诸国分年，一时尽见，所以他以为在《史》、《汉》诸表中，唯“列国年表，或可存焉”。自此以后，则唯有崔鸿作表，颇为切要。

他对于“书志”颇为称赞。《书志》曰：“纪传之外，有所不尽，只字片文，于斯备录。语其通博，信作者之渊海也。”不过他以为“书志”之中，有“妄入编次”、应予删除者三，即“天文”、“艺文”、“五行”是也。亦有“事应可书”，宜予增加者三，即

“都邑”、“氏族”、“方物”是也。

他之所以主张删除《天文志》，是以为天文变化不大，不如人事每代变易。《书志》曰：“夫两曜（日、月）百星，丽于玄象；非如九州万国，废置无恒。故海田可变，而景纬无易。古之天犹今之天也，今之天即古之天也，必欲刊之国史，施于何代不可也？”故他以为“天文”可删。如必欲作志，则亦只应载其当代的日月之蚀，星宿移动，而不应重复天体之概论。

他之所以主张删除《艺文志》，是以为同一书目，“前志已录，而后志仍书，篇目如旧，频烦互出，何异以水济水”。故他以为《艺文志》可删。如必欲作志，则亦只应列当代撰者所撰之书，不应重复刊载前代之书目。

他之所以主张删除《五行志》，是以为《五行志》多载“虚说”、“浮词”，“言无准的”，“事涉虚妄”。如必欲为志，亦只应记当代灾异，不应追证前事，曲加附会。

反之，他主张增加《都邑志》，则从“京邑翼翼，四方是则。……土阶卑室，好约者所以安人；阿房、未央，穷奢者由其败国。此则其恶可以诫世，其善可以劝后者也”。又以“宫阙制度，朝庭轨仪，前王所为，后王取则。……经始之义，卜揆之功，经百王而不易，无一日而可废也”。所以他主张“凡为国史者，宜各撰《都邑志》，列于舆服之上”。

他又以为各种方物，“或百蛮攸税，或万国是贡”，古代皆有纪录。如“《夏书》则编于《禹贡》，《周书》则托于《王会》，亦有图形九牧之鼎，列状四荒之经”。自汉代拓境，四国来朝，各献方物，而种类更多。爰及魏、晋，迄于周、隋，亦遐迩来王，任土作贡。此等方物，与社会经济有关，故凡为国史者，宜撰《方物志》，列于《食货》之前。

他又以为氏族关系血统，如“帝王苗裔，公侯子孙，余庆所锺，百世无绝”。所以历代亦有纪录，如“周撰《世本》，式辨诸宗；楚置三闾，实掌王族。逮乎晚叶，谱学尤烦。用之于官，可以品藻士庶；施之于国，可以甄别华夷”。所以他以为凡为国史者，宜各撰《氏族志》，列于《百官志》之下。

其论《论赞》，则谓后来的作者，都犯了以下的几种弊病。

第一，不必论而强为之论。《论赞》曰：“夫论者，所以辩疑惑，释凝滞。若愚智共了，固无俟商榷。丘明‘君子曰’者，其义实在于斯。司马迁始限以篇终，各书一论（而冠以“太史公曰”）。必理有非要，则强生其文，史论之烦，实萌于此。”自司马迁而后，“班固曰‘赞’，荀悦曰‘论’，东观曰‘序’，谢承曰‘诠’，陈寿曰‘评’，王隐曰‘仪’，何法盛曰‘述’，扬雄曰‘撰’，刘昞曰

‘奏’，袁宏、裴子野自显姓名，皇甫谧、葛洪列其所号。史官所撰，通称‘史臣’。其名万殊，其义一揆”。这些作者的史评，大抵多有“本无疑事，辄设论以裁之”。因而就不免有“私徇笔端，苟衒文彩”的弊病。

第二，重复本文。《论赞》曰：“史之有论也，盖欲事无重出，文省可知。”易言之，即简单明了，不重复本文。但后来作者，“多录纪传之言，其有所异，唯加文饰而已。”这就犯了重床迭被的弊病。

第三，“论赞”重出。自班固于序传中以诗体作“述”，范晔改“述”曰“赞”，以后每篇皆有一赞。“事多者则约之使少，理寡者则张之令大。”

《论赞》曰："夫每卷立论，其烦已多；而嗣论以赞，为黩弥甚。亦犹文士制碑，序终而续以'铭曰'；释氏演法，义尽而宣以'偈言'。"

第四，论事不当。《论赞》曰："至若与夺乖宜，是非失中，如班固之深排贾谊，范晔之虚美隗嚣，陈寿谓诸葛不逮管、萧，魏收称尔朱可方伊、霍。或言伤其实，或拟非其伦。"这都犯了歪曲史实的弊病。

其论"序例"也说后来的作者，犯了以下的两种弊病。《序例》所谓：序者，所以叙作者之意也。故其为体，宜"言词简质"，"敷畅厥义"。但自迁、固以后，华峤而往，后之作者，皆"矜衒文彩"，忘其本义，"累屋重架”，焉知所云。这是第一种弊病。又说：“夫史之为例，犹国之有法。国无法，则上下靡定；史无例，则是非莫准。”史例既立，则“科条一辨，彪炳可观”；但是后来作者，往往纪传的内容并不依照史例，甚至背道而驰。这是第二种弊病。

以上是刘知几对纪传体的批判。这诚如他自己所云：“其所发明者多矣。”虽然，尺有所短，刘知几亦有自相矛盾之处。

例如刘知几论“本纪”，则曰：“项羽僭盗而死，未得成君”；“正可抑同群盗”，不应列诸“本纪”。但在《列传》中则曰：“陈寿《国志》载孙、刘二帝，其实纪也，而呼之曰

‘传’。”按孙、刘之于汉，犹西楚之于秦，都是割据的势力，若必谓项羽为僭盗，则刘备、孙权，又何非僭盗？若必谓僭盗不可以为“纪”则又何以于孙、刘二帝之“传”而曰“其实‘纪’也”？此其自相矛盾者一。

又如他论“世家”，则曰：“陈胜起自群盗”，“无世可传”，“无家可宅”，不应列于“世家”。但《题目》中又谓“平林、下江诸人列为载纪”。按：下江、平林诸人之于汉，亦犹陈胜、吴广诸人之于秦。同为农民暴动的领袖，如必谓陈胜起自群盗，则下江、平林诸人亦起于群盗。如必谓起于群盗者，即不可列于“世家”，则何以又谓下江、平林应列于载纪？此其自相矛盾者二。

又如他批评司马迁列周、秦先世于“本纪”，列三晋、田氏先世于“世家”，则持规律以为断曰：诸侯不应列于本纪，大夫不应列于世家。但司马迁列汉代诸侯于世家，于规律正相符合，而又持事实以为断曰：“虽得划一之宜，讵知随时之义。”如持事实以为断，但项羽名虽霸王，而实同天子，司马迁列之于“本纪”，并不乖谬。如持规律以为断，则汉代诸侯，不论是否专制一国，传世久暂，而名实诸侯，司马迁列之“世家”又不为错。刘知几有时持规律以绳事实，有时据事实以反规律，此其自相矛盾者三。

又如他论“表历”，则曰：“载

诸史传，未见其宜。”但在《杂说》（上）则曰：“观太史公之创表也，于帝王则叙其子孙，于公侯则纪其年月，列行萦纡以相属，编字戢舂而相排。虽燕、越万里，而于径寸之内犬牙可接；虽昭穆九代，而于方尺之中雁行有叙。使读者阅文便睹，举目可详，此其所以为快也。”“表历”之用，既如此其大，何以又说不宜列于史传？此其自相矛盾者四。

此外如《天文志》，所以推数之变化；《艺文志》，所以溯文献之渊源；《五行志》，所以记灾异之现象；而刘知几皆谓可删。凡此都是刘知几评纪传体的美中不足。

注释：

①《史通·列传》。

②《史通·二体》。

③④《史通·编次》。

⑤《史通·列传》。

⑥《史通·杂说》（上）。

五　刘知几论历史学方法

《史通》一书，全部都是论述历史学方法；但其中有一部分系泛论历史学各流派，有一部分系专论纪传体各部分。故这里所谓历史学方法乃系狭义的历史学方法，即刘知几论怎样写著历史的部分。关于怎样写著历史，刘知几论述最详，但若总其要义，挈其宏纲，亦不外如此各点。

1. 论历史学体裁

用怎样的体裁写著历史，这是历史方法论上的一个先决问题。刘知几对于这个问题提出了崭新的见解。这就是说，他坚决地反对模拟已经废弃了的古典体裁，主张应用当时流行的体裁。他在《模拟》中说：

> 语曰："世异则事异，事异则备异。"必以先王之道持今世之人，此韩子所著《五蠹》之篇，称宋人有"守株"之说也。世之述者，锐志于奇，喜编次古文，撰叙今事，而巍然自谓五经再生，三史重出，多见其无识

者矣。

在这里，他指出历史的体裁，不是一成不变的，而是随时发展的，学者不应以古为高，妄事模拟。若必欲模拟，则其著述必不能为当代读者所接受。他在《六家》中说："爰逮中叶，文籍大备，必翦截今文，模拟古法；事非改辙，理涉守株。故舒元（孔衍字）所撰汉、魏等书不行于代也。"又说："君懋（王邵字）《隋书》虽欲祖述商、周，宪章虞、夏，观其所述，乃似《孔子家语》、临川《世说》，可谓画虎不成，反类犬也。故其书受嗤当代，良有以焉。"

因此，他以为如必欲模拟，亦只

应师其立论命意，而不应学其形式。《模拟》曰：“夫明识之士则不然，何则？其所拟者非如图画之写真，熔铸之象物，以此而似也。其所以为似者，取其道术相会义理玄同，若斯而已。”又说：“盖貌异而心同者，模拟之上也；貌同而心异者，模拟之下也。然人皆好貌同而心异，不尚貌异而心同者，何哉？盖鉴识不明，嗜爱多僻，悦夫似史，而憎夫真史。此了张所以致讥于鲁侯，有叶公好龙之喻也。”

2. 论历史学言语

休裁是历史学的形式；而言语则是历史学的本体。因为任何形式的历史学，都必须借文字来表现其内容。刘知几在《叙事》中说：“昔夫子有云：‘文胜质则史。’故知史之为务，必藉于文。”正是说明这一意义。刘知几以为历史虽系述古人之事；但并非写给古人读的，而是写给当代之人读的。因此他反对在历史学上，应用陈死的古代言语，主张应用作者当时流行的言语。他在《言语》中说：

> 夫《三传》之说，既不袭于《尚书》；《两汉》之词，又多违于《战策》。足以验氓俗之递改，知岁时之不同。而后来作者，通无远识，记其当世口语，罕能从实而书，方复追效昔人，

示其稽古。是以好丘明者，则偏模《左传》；爱子长者，则全学史公。用使周、秦言辞见于魏、晋之代；楚、汉应对行乎宋、齐之日。而伪修混沌，失彼天然。今古以之不纯，真伪由其相乱。故裴少期（松之字）讥孙盛录曹公平素之语，而全作夫差亡灭之词。虽言似《春秋》而事殊乖越者矣。

在这里，他指出言语也是随时演变的，未必古之言语，优于今之言语。所以《三传》不学《尚书》的言语，《史》、《汉》不学《战策》的词句，以今古不同，言语已变。然而自魏以前，作者多效《三史》；自晋以降，作者喜学《五经》；以为如能学像了古人的言语文字，便可以向读者证明他的典雅高古渊博，这岂不荒谬！所以刘知几在《言语》中批判这些“拟古派”曰：

夫天长地久，风俗无恒，后之视今，亦犹今之视昔，而作者皆怯书今语，勇效昔言，不其惑乎！苟记言则约附《五经》，载语则依凭《三史》，是春秋之俗，战国之风，亘两仪而并存，经千载其如一，奚以今来古往质文之屡变者哉？

把近代语改装为古代语，而以写

作历史，已经是今古不分，真伪相乱。而北朝诸家，又改夷语为华语，再改近代的华语为古代的华语，这就更使历史的记录，失其真实了。《言语》曰：

彦鸾（崔鸿）修伪国诸史，收（魏收）、弘（牛弘）撰魏、周二书，必讳彼夷音，变成华语，等杨由之听雀，如介葛之闻牛，斯亦可矣。而于其间则有妄益文彩，虚加风物，援引《诗》、《书》，宪章《史》、《汉》。遂使沮渠、乞伏儒雅比于元封；拓跋、宇文德音同于正始；华而失实，过莫大焉。

3. 论历史学的编制

决定了体制和言语，然后才能开始历史学的编制。刘知几认为历史学的编制，最主要的是翦裁浮词，削除繁文。他不主张在纪事体的历史中兼录言论。因为言论与事实夹杂，则叙事因之不能明断。他在《载言》中说：

《尚书》之中，言之大者也，而《春秋》靡录。此则言、事有别，断可知矣。逮左氏为书，不遵古法，言之与事，同在传中；然而言、事相兼，烦省合理……至于《史》、《汉》则不然，凡所包举，务存恢博；文辞入记，繁富为多。是以贾谊、晁错、董仲舒、东方朔等传，唯上录言，罕逢载事。夫方述一事，得其纪纲。而隔以大篇，分其次序。遂令披阅之者，有所懵然。……愚谓凡为史者，宜于表、志之外更立一书。若人主之制册、诰令，群臣之章表、移檄，收之纪传，悉入书部，题为“制册章表书”。

在这里可以看出，刘知几之不主张言与事杂书，是因为这样的编制，遮断了叙事的联络。除此以外，他又以为史籍上所载的许多历史文件，都是虚构，不但不能说明史实，反而淆混史实。他在《载文》中列举其例。例如他说，在史籍中，常有“上出禅书，下陈让表，其间劝进殷勤，敦谕重沓，迹实同于莽、卓，言乃类于虞、夏”。又说，在史籍中，“凡有诏敕，皆责成群下，但使朝多文士，国富辞人，肆其笔端，何事不录。是以每发玺诰，下纶言，申恻隐之渥恩，叙忧勤之至意。其君虽有反道败德，唯顽与暴。观其政令，则辛、癸不如；读其诏诰，则勋、华再出”。又说：“夫谈主上之圣明，则君尽三五；述宰相之英伟，则人皆二八。国止方隅，而言并吞八合；福不盈眦，而称感致百灵。虽人事屡改，而文理无易，故善之与恶，其说不殊。”这些都是“徒有其文，竟无其事”。若以这类虚伪的历史文件，载之史籍，则“行之于世，则上下相蒙；传之于后，则示人不信。而世之作者恒不之察，聚彼虚说，编而次之。创自起居，成于国史，连章疏录，一字无废”。像这样的历史，已经“非复史书，更成文集”了。所以刘知几在结论上说：

凡今之为史而载文也，苟能拨浮华，采真实，亦可使夫雕虫小技者闻义而知徙矣。

4. 论历史学的标题

编制的规律既定，这就要轮到题目了。刘知几以为假如书的内容是体，题目便是这个体的名称，因此，题目必须能概括书的内容。他在《题目》曰：“夫名以定体，为实之宾。苟失其途，有乖至理。”但是他以为历来的史学家往往对于标题一点，有些名不符实。

他说照一般的习惯，在史书中，“其编年月者谓之纪，列纪传者谓之书，取顺于时，斯为最也”。但是“吕（不韦）、陆（贾）二氏，名著一书，唯次篇章，不系时月，此乃子书杂记，而皆号曰‘春秋’。鱼豢、姚察著魏、梁二史，巨细毕载，芜累尤多，而俱榜之以‘略’。考名责实，奚其爽欤”！

又如篇章之标题，亦须与其内容相合。但是“如司马迁撰《皇后传》，而以‘外戚’命章。案‘外戚’凭‘皇后’以得名，犹‘宗室’因‘天子’而显称，若编‘皇后’而曰‘外戚传’则书天子而曰‘宗室纪’可乎？班固撰‘人表’以‘古今’为目。寻其所载也，皆自秦而往，非汉之事，古诚有之，今则安在”？这些都是题不对文。

此外，刘知几以为题目的用处，在于揭示内容，故其为体，以简明为要。如列传标题，人少者具出姓名，如《伯夷传》。人多者，唯书姓氏，如《老庄申韩列传》。又人多而姓氏相同者，则结定其数，如“二袁”“四张”“二公孙”传。但是到范晔，便于题目中全录姓名，其附出的人物，亦以细字列具名于土题之下。降至魏收，则更为琐碎。“其有魏世邻国，编于《魏史》者，于其人姓名之上，又列之以邦域，申之以职官。”这些既已详述于传内，又重标于篇首，大失标题的本意了。

5. 论历史学的断限

断限，就是划分阶段的意思。但刘知几所谓断限，是指断代而言。刘知几以为既断代为史，则在断代史中只应记其所断之代，史实不应超越这个朝代的界限。但是他以为后之作者，并未严守纪律。例如班固《汉书》，是断西汉以为史，而“表志所录，乃尽牺年”。又如“《宋史》则上括魏朝，《隋书》则仰苞梁代”。又如“汉之董卓，犹秦之赵高。昔车令之诛，既不列于《汉》史，何太师之毙，遂独刊于《魏书》乎”？臧洪、陶谦、刘虞、孙（公孙）瓒生于季末，不关曹氏，何“汉典所具，而魏册仍编”？此外，如“沈录金行，上羁刘主；魏刊水运、下列高王。唯蜀与齐，各有国史，越次而载，孰曰攸宜”？以上所举，他认为都是断代不清。

至于“夷狄本系，种落所兴。北貊起自‘淳维’，南蛮出于‘槃瓠’，高句丽以鳖桥获济，吐谷浑因马斗徙居。诸如此说，求之历代，何书不有？而作之者，曾不知前撰已著，后修宜辍。遂乃百世相传，一字无改”。这些，他认为都是侵官离局，越俎代庖。

总之，刘知几所谓断限，其意即如系一代之史，则非本代之事不书；如系一国之史，则非本国之事不书。

6. 论历史学的叙事

写著历史的方法，最主要的，就是叙事。刘知几论叙事之要有三，即简要、隐晦与确实。而最反对者，则为“因习”。

他在《叙事》说：“国史之美者，以叙事为工；而叙事之工者，以简要为主。”但他所谓简要，并不是略去史实，而是削去繁复。因为自昔以降，史籍之文，日趋繁缛。“作者芜音累句，云蒸泉涌。其为文也，大抵编字不只，捶句皆双，修短取均，奇偶相配。故应以一言蔽之者，辄足为二言，应以三句成文者，必分为四句。弥漫重沓，不知所裁。”文体既如此繁缛，而叙事又多重复。例如刘知几举出叙事之体有四：有直纪其才行者，有唯书其事迹者，有因言语而可知者，有假赞论而自见者。此四种方法，用其一，即可畅叙事理；但后来作者往往四者并用，床上架床。所以刘知几首先提出简要的原则，正是对症下药。

刘知几以为叙事不仅要工，而且要美。历来史籍，叙事之美者，以《春秋》为最，而《春秋》叙事之美，则在于“微婉其辞，隐晦其说”[1]。因为这样，文章便有言外之意。所以刘知几以为叙事之要，其次就是隐晦。他在《叙事》中说：

> 章句之言，有显有晦。显也者，繁词缛说，理尽于篇中；晦也者，省字约文，事溢于句外。然则晦之将显，优劣不同，较可知矣。夫能略小存大，举重明轻，一言而巨细咸该，片语而洪纤靡漏，此皆用晦之道也。……夫“经”以数字包义，而“传”以一句成言，虽繁约有殊而隐晦无异。……（其纪事也，）皆言近而旨远，辞浅而义深。虽发语已殚，而含义未尽。使夫读者望表而知里，扪毛而辨骨，睹一事

于句中，反三隅于字外。晦之时义，不亦大哉！

叙事之要，尤在于真切。然而后来作者，多以古事比于近事，古人比于近人。设喻不当，遂使史实失其真切。刘知几在《叙事》中曾列举此类例子。如云："论逆臣，则呼为问鼎；称巨寇，则目以长鲸。邦国初基，皆云草昧；帝王兆迹，必号龙飞。"又云：魏收《代史》，"称刘氏纳贡，则曰来献百牢"；吴均《齐录》，"叙元日临轩，必云'朝会万国'"。又云："裴景仁《秦记》，称苻坚方食，抚盘而诟；王劭《齐志》，述洛干感恩，脱帽而谢。及彦鸾（崔鸿）撰以新史，重规（李百药）删其旧录，乃易‘抚盘’以‘推案’，变‘脱帽’为‘免冠’。夫近世通无案食，胡俗不施冠冕。直以事不类古，改从雅言，欲令学者何以考时俗之不同，察古今之有异？”诸如此类，不胜枚举。

刘知几以为叙事之病，莫大于因俗前史之文。它在《因习》中曰：“史书者，记事之言耳。夫事有贸迁，而言无变革，此所谓胶柱而调瑟，刻船以求剑也。”他又列举实例以证明因习之弊。例如他说：

> 《史记·陈涉世家》，称“其子孙至今血食”。《汉书》复有《涉传》，乃具载迁文。案

迁之言今，实孝武之世也；固之言今，当孝明之世也；事出百年，语同一理。即如是，岂陈氏苗裔，祚流东京者乎！

又如他说：

韦、耿谋诛曹武，钦、诞问罪马文（司马昭），而魏、晋史臣书之曰贼，此乃迫于当世，难以直言。至如荀济、元瑾，兰摧于孝靖之末，王谦、尉回，玉折于宇文之季，而李（百药）刊《齐史》，颜（师古）述《隋篇》，时无逼畏，事须矫枉；而皆仍旧不改，谓数君为叛逆。书事如此，褒贬何施？

7. 论历史学上的书法

书法和纪事不同。纪事是叙述史实的原委；而书法则是历史家对史实的褒贬。历史家执行褒贬之法甚多，但要而言之，则不外直书与曲笔。直书者，即以明文严词，直斥权贵；曲笔者，即饰非文过，取媚当道。即因如此，所以自古以来，直书的史学家，多遭刑戮，如齐史之书崔弑，司马迁之述汉非，韦昭仗正于吴朝，崔浩犯讳于北魏，或身膏斧钺，取笑当时；或书填坑窖，无闻后世。反之，曲笔阿时之徒，则功名富贵，忝然偷生。虽然，历史学的任务，是在于明是非，别善恶，贤贤贱不肖，所以刘知几还是主张直笔。他在《直书》中说：

> 盖烈士徇名，壮夫重气。宁为兰摧玉折，不作瓦砾长存。若南、董之仗气直书，不避强御；韦、崔之肆情奋笔，无所阿容。虽周身之防，有所不足；而遗芳余烈，人到于今称之。与夫王沈《魏书》，假回邪以窃位；董统《燕史》，持谄媚以偷荣。贯三光而洞九泉，曾未足喻其高下也。

同时他对于那些曲笔之徒，则大致贬词。《曲笔》中曰：

其有舞词弄札，饰非文过，若王隐、虞预，毁辱相凌；子野、休文，释纷相谢。用舍由乎臆说，威福行乎笔端。斯乃作者之丑行，人伦所同疾也。亦有事每凭虚，词多乌有。或假人之美，籍为私惠；或诬人之恶，持报己仇。若王沈《魏录》，滥述贬甄之诏；陆机《晋史》，虚张拒葛之锋。班固受金而始书，陈寿借米而方传，此又记言之奸贼，载笔之凶人，虽肆诸市朝，投畀豺虎可也。

以上所述，乃刘知几论历史学方法之大要。这诚如他自己所云：“其为网罗者密矣，其所商略者远矣。”从这里我们可以看出，刘知几论史体，则反对模拟经传，主张应用近体；论言语，则反对宪章虞夏，主张应用今文；论编制，则反对繁文缛词，主张言、事异篇；论叙事，则反对因袭陈说，主张简要隐晦；论命题，则反对题不对文，主张名实相符；论断限，则反对越俎代庖，主张不录前代；论书法，则反对曲笔阿时，主张仗义直书。这些见解，都是很正确的，特别是反对模拟古典的体裁和古典的言语，一直到我们的今日，还有教育作用。因为一直到现在，还有人企图用古典的文字，来掩盖自己的浅薄。唯其中有一点是值得商量的，即言与事异篇。诚然把长篇大论的文章插入叙事之中，的确会打断读者对史实的观察之联系；但是有些文词，往往与史实不能分开，而且甚至就是史实的构成部分，如项羽的乌江自刎之歌，即其一例。因此，我以为短文而必要者，仍然要插在叙事之内；长文而次要者，则记于注内，以备参考。如此则言与事，各得其所。

注释：

①《史通·惑经》。

六　刘知几论历史学文献

刘知几对于他以前的历史文献，也曾经展开一个全面的批判。他把中国的历史文献，分为两大类：一曰“正史”，二曰“杂史”。他所谓正史，就是“经”、“传”、“史”、“汉”，及其以后的官修国史；所谓“杂史”就是历代以来私家撰述的史籍。

他在《古今正史》中，历述中国正史的源流。上自《尚书》、《春秋》、《左传》、《史记》、《汉书》，下迄隋、唐诸史，无不源源本本，详述其作者姓名，成书经过，卷数篇数，及其后来的补注。其所根据的材料，自《史》、《汉》而下，都是援引本书序论的原文；至梁、陈以还，则多举其见闻所接。

他又在《杂述》中，列举中国历史的流派。他把古今“杂史”分为十类：一曰“偏纪”，二曰“小录”，三曰“逸事”，四曰“琐言”，五曰“郡书”，六曰“家史”，七曰“别传”，八曰“杂记’，九曰“地里书”，十曰“都邑簿”。叙其性质，举其书名，条分缕析，巨细无遗。①

刘知几虽然把全部史籍别为“正史”与“杂史”；但他并不是重“正

史”而轻“杂史”。他以为治史者，“正史”固然要读，“杂史”也要读。因专读“正史”，不读“杂史”，则见闻不周。但无论读“正史”或“杂史”，都要用批判的眼光去读。他在“杂述”中说：

刍荛之言，明王必择；葑菲之体，诗人不弃。故学者有博闻旧事，多识其物。若不窥别录，不讨异书，专治周、孔之章句，直守迁、固之纪传，亦何能自致于此乎？且夫子有云：“多闻，择其善者而从之”，“知之次也”。苟如是，则书有非圣，言多不经，学者博闻，盖在择之而已。

他以为如果不用批判之眼光去读书，则“见良直而不觉其善，逢症牾而不知其失”。这样，虽“学穷千载，书总五车”，亦犹葛洪所谓“藏书之箱箧，《五经》之主人”。[②]虽多亦希以为用。

不过他所谓批判，不是根据于主观的爱憎，而是根据于客观的实在。他在《杂说》（下）中说：“夫自古学者，谈称多矣。精于《公羊》者，尤憎《左氏》；习于太史者，偏嫉孟坚。夫能以彼所长，而攻此所短，持此之是而述彼之非，兼善者鲜矣。”由此可以看出他的批判态度。

刘知几无论对“正史”或“杂史”，皆有批判。他对于“正史”，则在《疑古》中批判《尚书》，在《惑经》中批判《春秋》，在《申左》中批判《公羊》、《穀梁》二传，在《杂说》中则批判诸史，上自经传史汉，下迄隋唐，所有的历史文献，无不具体地指出其症牾之处，疏略之点，而予以辩证。此外，在《杂说》中，对于十种杂史也逐一予以评述。这样就完成了他对中国历史学文献的批判。

他评《尚书》则曰：“《尚书》上起唐尧，下终秦穆，其书所录，唯有百篇。而书之所载，以言为主。至于废兴行事，万不记一，语其缺略，可胜道哉！故今后人有言，唐、虞以下帝王之事，未易明也。”[③]

评《春秋》则曰：“案鲁史之有《春秋》也，外为贤者（隐），内为本国（讳）。事靡洪纤，动皆隐讳。”[④]是则“有罪者得隐其辜，求诸劝诫，其义安在”？且“孔氏著《春秋》，隐、桓之间则彰，至定、哀之际则微，为其切当世之文，而罔褒讳之辞也。斯则危行言逊，吐刚茹柔，推避以求全，依违以免祸”[⑤]。

评《公羊》、《穀梁》二传，则曰：其录人言，则“语乃龃龉，文皆琐碎”。其纪事，则“缺漏不可殚论”。其命意则“奖进恶徒，疑误后学”。至于“论大体，举弘纲，则言罕兼统，理无要害，故使古今疑滞，莫得而申焉”[⑥]。

评《史记》，则曰：“述《儒林》，则不取游、夏之文学；著《循吏》，不言冉、季之政事。”而传《货殖》，“独以子贡居先”；录《佞幸》，“惟以弥子瑕为始”。是其扬善显恶，有所未尽。又说：“撰《孔子世家》，多采《论语》旧说；至《管晏列传》，则不取其本书。”是其取材“可除而不除，宜取而不取”。又说：“《史记·邓通传》云：‘文帝崩，景帝立。’向若但云景帝立，不言文帝崩，斯亦可知矣，何用兼书其事乎？”而于《序传》云：“为太史七年，而遭李陵之祸，幽于缧绁”[⑦]，不及其他。是其叙事，可省而不省，不可省而省。

自然他认为最大的弊病，就是“推命而言成败”。

其评《汉书》则谓其以汉史为列“古今人表”，于体裁，大为不类；以《汉书》抄录《史记》，而一字无改，于纪事事理皆殊。又说：“《汉书》编苏氏之传，则先以苏建标名；列韦相之篇，则不以韦贤冠首。”于标题，前后不一。又说：“班固称项羽贼义帝，自取夭亡。又云：于公（定国）高门以待封，严母（延年之母）扫地以待丧。如固斯言，则深信夫天怨神怒，福善祸淫者矣。”[8]这又与司马迁同陷于历史的定命论了。

其评诸晋史，则曰：“东晋之史，作者多门，何氏《中兴》，实居其最。而为晋学者，曾未之知，傥湮灭不行，良可惜也。王、檀著书，是晋史之尤劣者，方诸前代，其陆贾、褚先生之比欤？道鸾不揆浅才，好出奇语，所谓欲益反损，求妍更媸者矣。”

其评《宋略》则曰：“裴几原（子野）删略宋史，定为二十篇。芟烦撮要，实有其力；而所录文章，颇伤芜秽。”⑨

其评《魏书》则曰：以文字而论，则“援引诗书”，“妄益文彩”。使蛮音夷语，顿成经传之文。以书法而论，则“标榜南国，桓刘诸族，咸曰岛夷，是则自江而东，尽为草服之地”。反之，“称登国以鸟名官，则云好尚淳朴，远师少皞；述道武结婚蕃落，则曰招携荒服，追慕汉高。自余所说，多类于此”[10]。卖国求荣，“何其厚颜”如此。

其评北齐诸史，则盛称王邵《齐志》，这是因为这部书，多载方言，保存风俗。他在《杂说》中说：“或问曰：王邵《齐志》，多记当时鄙言，为是乎？为非乎？对曰：古往今来，名目各异。区分壤隔，称谓不同。所以晋、楚方言，齐、鲁俗语，六经、诸子载之多矣。自汉已降，风俗屡迁。求诸史籍，差睹其事。或君臣之目，施诸朋友；或尊官之称，属诸君父。曲相崇敬，标以处士、王孙；轻加侮辱，号以仆夫、舍长。亦有荆楚训多为伙，庐江目桥为圯，南呼北人曰伧，西谓东胡曰虏。渠、们、底、箇，江左彼此之辞；乃、若、君、卿，中朝汝我之义。斯并因地而变，随时而革，布在方册，无假推寻，足以知氓俗之有殊，验土风之不类。然自二京失守，四夷称制，夷夏相杂，音句尤媸。而彦鸾、伯起，务存隐讳；重规、德棻，志在文饰。遂使中国数百年内，其俗无得而言。盖语曰：'知古而不知今，谓之陆沈。'又曰：'一物不知，君子所耻。'是则时无远近，事无巨细，必借多闻，时成博识。如今之所谓者，若中州名'汉'，关右称'羌'，易'臣'以'奴'，呼'母'云'姊'，主上有'大家'之号，师人致'儿郎'之说。凡如此例，其流甚多。必寻其本源，莫详所出。阅诸《齐志》，则了然可知。由斯而言，邵之所录，其为弘益多矣，足以开后进之蒙蔽，广来者之耳目。微君懋，吾几面墙于近事矣，而子奈何妄加讥诮者哉！”

其评《周书》则曰：“其书文而不实，雅而无检，真迹甚寡，客气尤烦。寻宇文初习华风，事由苏绰。至于军国词令，皆准尚书。太祖敕朝廷，他文悉准于此。盖史臣所记，皆禀其规。柳虬之徒，从风而靡。”令狐德棻因之，“遂使周氏一代之史，多非实录者焉”。

其评《隋书》则曰：“诡辞妄说”，“以无益而书”。又说：“呜呼！苟自古著述其皆若此也，则知李斯之设坑阱，董卓之成帷盖，虽其所行多滥，终亦有可取焉。”

刘知几对“正史”的批判，大概如此。现在再看他对“杂史”的批判。他在《杂述》中说：

大抵偏纪、小录之书，皆记即日当时之事。求诸国史，最为实录。然皆言多鄙朴，事罕圆备，终不能成其不刊，永播来叶，徒为后生作者削稿之资焉。

逸事者，皆前史所遗，后人所记。求诸异说，为益实多。及妄者为之，则苟载传闻而无铨择，由是真伪不别，是非相乱。如郭子横之《洞冥》，王子年之

《拾遗》，全构虚辞，用惊愚俗，此其为弊之甚者也。

琐言者，多载当时辨对，流俗嘲谑，俾夫枢机者借为舌端，谈话者将为口实。及蔽者为之，则有诋讦相戏，施诸祖宗，亵狎鄙言，出自床笫，莫不升之纪录，用为雅言。固以无益风规，有伤名教者矣。

郡书者，矜其乡贤，美其邦族。施于本国，颇得流行。置于他方，罕闻爱异。其有如常璩之详审，刘昞之该博，而能传诸不朽，见美来裔者，盖无几焉。

家史者，事惟三族，言止一门，正可行于室家，难以播于邦国。且箕裘不堕，则其录犹存；苟薪构已亡，则斯文亦丧者矣。

别传者，不出胸臆，非由机杼，徒以博采前史，聚而成书。其有足以新言，加之别说者，盖不过十一而已。如寡闻末学之流，则深所嘉尚；至于探幽索隐之士，则无所取材。

杂记者，若论神仙之道，则服食炼气，可以益寿延年；语魑魅之途，则福善祸淫，可以惩恶劝善，斯则可矣。及谬者为之，则苟谈怪异，务述妖邪，求诸弘益，其义无取。

地里书者，若朱赣所采，浃于九州；阚骃所书，殚于四国。

斯则言皆雅正，事无偏党者矣。其有异于此者，则人自以为乐土，家自以为名都，竞美所居，谈过其实。又城池旧迹，山水得名，皆传诸委巷，用为故实，鄙哉！

都邑簿者，如宫阙陵庙，街廛、郭邑，辨其规模，明其制度，斯则可矣。及愚者为之，则烦而且滥，博而无限，论榱栋则尺寸皆书，记草木则根株必数。务求详审，持此为能。遂使学者观之，瞀乱而难纪也。

以上，是刘知几对“杂史”的批判。此外对《汉书·五行志》，还有单独的批判，这里不及再述。从以上的批判中，我们可以看出刘知几对中国的历史文献，皆认为有美中不足之处；但有一例外，即他对《左传》一书，则认为尽善尽美。他在《杂说》（上）说：

左氏之叙事也，述行师则簿领盈视，哤聒沸腾；论备火则区分在目，修饰峻整；言胜捷则收获都尽，记奔败则披靡横前；申盟誓则慷慨有余，称谲诈则欺诬可见；谈恩惠则煦如春日，纪严切则凛若秋霜；叙兴邦则滋味无量，陈亡国则凄凉可悯。或腴辞润简牍，或美句入咏歌；跌宕而不群，纵横而自得。若斯才者，殆将工侔造化，思涉鬼神，著述罕闻，古今卓绝。

不论他对历史文献的批判是否完全正确，而其所指，皆系据各书内容，并非凭空武断。这种客观的精神和判断的能力，实可惊叹。

注释：

①《杂述》篇云：

“夫皇王受命，有始有卒。作者著述，详略难均。有权记当时，不终一代。若陆贾《楚汉春秋》、乐资《山阳载记》、王韶《晋安陆纪》、姚最《梁昭后略》，此之谓偏记者也。

“普天率土，人物弘多，求其行

事，罕能周悉。则有独举所知，编为短部。若戴逵《竹林名士》、王粲《汉末英雄》、萧世诚《怀旧志》、卢子行《知己传》，此之谓小录者也。

“国史之任，记事记言。视听不该，必有遗逸。于是好奇之士，补其所亡。若和峤《汲冢纪年》、葛洪《西京杂记》、顾协《琐语》、谢绰《拾遗》，此之谓逸事者也。

“街谈巷议，时有可观。小说卮言，犹贤于己。故好事君子，无所弃诸。若刘义庆《世说》、裴荣期《语林》、孔思尚《语录》、阳玠松《谈薮》，此之谓琐言者也。汝颍奇士，江、汉英灵，人物所生，载光郡国。故乡人学者，编而记之。若圈称《陈留耆旧》、周斐《汝南先贤》、陈寿《益都耆旧》、虞预《会稽典录》，此之谓郡书者也。

“高门华胄，奕世载德。才子承家，思显父母，由是纪其先烈，贻厥后来。若扬雄《家牒》、殷敬《世传》、孙氏《谱记》、陆宗《系历》，此之谓家史者也。

“贤士贞女，类聚区分，虽百行殊途，而同归于善。则有取其所好，各为之录。若刘向《列女》、梁鸿《逸民》、赵采《忠臣》、徐广《孝子》，此之谓别传者也。

“阴阳为炭，造化为工，流行赋象，于何不育。求其怪物，有广异闻，若祖台之《志怪》、干宝《搜神》、刘义庆《幽明》、刘敬叔《异苑》，此之谓杂记者也。

“九州土宇，万国山川，物产殊宜，风化异俗。如各志其本国，足以明此一方。若盛弘之《荆州记》、常璩《华阳国志》、辛氏《三秦》、罗含《湘中》，此之谓地里书者也。

“帝王桑梓，列圣遗尘，经始之制，不恒厥所。苟能书其轨则，可以龟镜将来。若潘岳《关中》、陆机《洛阳》、《三辅黄图》、《建康宫殿》。此之谓都邑簿者也。”

②《史通·杂说》（下）。

③④《史通·疑古》。

⑤《史通·惑经》。

⑥《史通·申左》。

⑦⑧《史通·杂说》（上）。

⑨《史通·杂说》（中）。

⑩《史通·浮词》。

七 余 论

《史通》一书，虽系一部专论历史方法的著作，但刘知几在论历史方法之中，亦尝寓褒贬与夺之义。其中《疑古》一篇，题名《疑古》实即讽今。

例如他看到当武后之世，小人满朝，而武后尚以帝尧自居，则天为号。于是他在《疑古》中引据《左传》尧时有四凶而不能去之传说，而曰：“斯则当‘尧’之世，小人君子比肩齐列，善恶无分，贤愚共贯。”又引据《论语》

“舜举咎繇，不仁者远”的传说，而曰：“是则当繇未举，不仁甚多，弥验尧时，群小在位者矣。又安得谓之‘克明俊德’、‘比屋可封’者乎？”

又如他看到唐代史官，为了颂扬李渊而厚诬杨广，欲比杨广于桀、纣，以显出李渊即汤、武。于是他在同篇中引据子贡“桀、纣之恶不至是”一语而曰：“武王为《泰誓》，数纣过失，亦犹近代之有吕相为晋绝秦，陈琳为袁檄魏，欲加之罪，能无辞乎？”

又如他看到李渊始则推戴恭帝，终则成其篡夺，而美其名曰禅让。于是谓尧、舜禅让不可信，而曰：“观近古有奸雄奋发，自号勤王，或废父而立其子，或黜兄而奉其弟。始则示相推戴，终亦成其篡夺。求诸历代，往往而有。必以古方今，千载一揆。斯则尧之授舜其事难明，谓之让国，徒虚语耳。”

又如他看到李世民弑其兄，而当时论者，比之周公诛管、蔡。因为《左传》有云：“周公杀管叔，而放蔡叔，夫岂不爱？王室故也。”为了打击这种谀词谬论，于是他引据《尚书·君奭篇》序“召公为保，周公为师，相成王为左右，召公不说”的传说，而曰：“斯则旦行不臣之礼，挟震主之威，迹居疑似，坐招讪谤。虽奭以亚圣之德，负明允之才，目睹其事，犹怀愤懑。况彼二叔者，才处中人，地居下国，侧闻异议，能不怀猜？原其推戈反噬，事由误我。而周公自以不诚，遽加显戮。与夫汉代之赦淮南，宽阜陵，一何远哉！斯则周公于友于之义薄矣。而《书》之所述，用为美谈者何哉？”

以上不过略举数例，以示其范。此种例子，散见于其他各篇者，往往而有，不及备举。但由此已可看出《史通》一书，实为一部富有灵魂的历史著作。诚如他自己所云：“其为义也，有与夺焉，有褒贬焉，有鉴诫焉，有讽刺焉。”①

总上所述，可以说就是刘知几的历史学之大概的内容。虽然亦有其短，但是只要我们想见刘知几是7世纪末的一位历史学家，那他的短处，就应该由时代负责了。

昔班固评司马迁曰：“论大道则

先黄老而后《六经》，序游侠则退处士而进奸雄，述货殖则崇势利而羞贱贫，此其所蔽也。”②

傅玄评班固曰：“论国体则饰主阙而折忠臣，叙世教则贵取容而贱直节，述时务则谨词章而略事实，此其所失也。”③

刘知几评王沈、孙盛等曰：“论王业则党悖逆而诬忠义，叙国家则抑正顺而褒篡夺，述风俗则矜夷狄而黜华夏，此其大较也。”④

吾于刘知几则曰：“论大道，则先《论衡》而后《六经》；述史观，则反天命而正人事；疑古史，则黜尧、舜而宽桀、纣；辩是非，则贬周公而恕管、蔡；评文献，则疑《春秋》而申

《左传》；叙体裁，则耻模拟而倡创造；此其所以为长也。但其论‘本纪’则贬项羽而尊吴、蜀；评‘世家’，则退陈涉而进刘玄；此又其所以为短也。”

注释：

①《史通·自叙》。

②《汉书·司马迁传·赞》，《史通·书事》引同。

③《史通·书事》引傅玄语。

④《史通·书事》。

（原载重庆《中山文化季刊》第二卷第二期，1945年9月出版）

出版说明

“新编历史小丛书”承自上世纪60年代吴晗策划的“中国历史小丛书”，其中不少名家名作是已经垂之经典的作品，一些措辞亦有写作伊初的时代特征。为了保持其原有版本风貌，再版过程中不做现代汉语的规范化统一。读者阅读时亦可从中体会到语言变化的规律。

新编历史小丛书编委会

图书在版编目（CIP）数据

刘知几和他的历史学 / 蕑伯赞著．— 北京：北京人民出版社，2019.5

（新编历史小丛书）

ISBN 978-7-5300-0421-0

Ⅰ. ①刘… Ⅱ. ①蕑… Ⅲ. ①刘知几（661–721）—人物研究 Ⅳ. ①K825.81

中国版本图书馆 CIP 数据核字（2019）第 050117 号

责任编辑　王铁英　　特约编辑　韩慧强

责任印制　陈冬梅

新编历史小丛书

刘知几和他的历史学

LIU ZHIJI HE TADE LISHIXUE

蕑伯赞 著

出　　版　北京出版集团公司
　　　　　北京人民出版社

地　　址　北京北三环中路 6 号

邮　　编　100120

网　　址　www.bph.com.cn

总 发 行　北京出版集团公司

印　　刷　北京汇瑞嘉合文化发展有限公司

经　　销　新华书店

开　　本　880 毫米 ×1230 毫米　1/32

印　　张　4.375

字　　数　36 千字

版　　次　2019 年 5 月第 1 版

印　　次　2019 年 5 月第 1 次印刷

书　　号　ISBN 978-7-5300-0421-0

定　　价　18.00 元

如有印装质量问题，由本社负责调换

质量监督电话　010-58572393